Ein Duft von Weihrauch und Myrrhe

Wir gratulieren Max Bolliger
zu seinem 80. Geburtstag!

Max Bolliger

EIN DUFT VON WEIHRAUCH UND MYRRHE

Legenden

Eschbacher LebensArt

Max Bolliger, bekannter Lyriker und Kinderbuchautor, wurde 1929 im Kanton Glarus (Schweiz) geboren. Seine Arbeit wurde vielfach ausgezeichnet; er erhielt unter anderem den C. F. Meyer Preis, den Deutschen Jugendliteraturpreis, den Holländischen Silbernen Griffel, den Katholischen Jugendbuchpreis der Deutschen Bischofskonferenz und den Großen Preis der Deutschen Akademie für Kinder- und Jugendliteratur. Die Theologische Fakultät der Universität Zürich verlieh ihm den Ehrendoktor.

Lieferbare Titel im Verlag am Eschbach:

Der grüne Fuchs. *Zwei mal sieben Märchen und Parabeln (Buch 739).*

Einfach Weihnachten. *Weihnachtsgeschichten (Eschbacher LebensArt 956).*

Das Umschlagbild »Geflügelter Stern«, der auch im Inhalt auftaucht, ist von **Barbara Trapp.** Sie ist 1950 in Leipzig geboren. Nach einem Studium an der Hochschule für Kunst und Design »Burg Giebichenstein« in Halle/Saale war sie wissenschaftliche Mitarbeiterin im Modeinstitut der DDR in Berlin (Bereich Modeforschung). Später war sie zunächst Lehrbeauftragte, anschließend wissenschaftlich-künstlerische Mitarbeiterin an der Hochschule der Künste Berlin (Fachbereich Design). Seit 1987 ist sie freiberuflich tätig. Sie wohnt und arbeitet in Bad Krozingen. www.bt-kunst.de

Bibliographische Information der Deutschen Nationalbibliothek:

Die Deutsche Nationalbibliothek verzeichnet diese Publikation in der Deutschen Nationalbibliographie; detaillierte Daten sind im Internet abrufbar über http://dnb.d-nb.de.

ISBN 978-3-88671-989-1

© 2009 Verlag am Eschbach der Schwabenverlag AG

Im Alten Rathaus/Hauptstr. 37

D-79427 Eschbach/Markgräflerland

Alle Rechte vorbehalten.

www.verlag-am-eschbach.de

Gestaltung, Satz und Repro: Finken & Bumiller, Stuttgart.

Herstellung: Freiburger Graphische Betriebe, fgb.

INHALT

BETHLEHEM

Vor bald zweitausend Jahren
erteilte Kaiser Augustus in Rom den Befehl,
es sollten in seinem Reich alle Bewohner
in Steuerlisten erfasst werden.
Jeder musste in die Heimat
seiner Vorfahren ziehen,
um sich dort eintragen zu lassen.

In der Stadt Nazareth,
in Galiläa,
lebte auch ein Mann namens Joseph
mit seiner Frau Maria.
Joseph war ein Nachkomme
aus dem Hause Davids.
Also machte er sich auf
nach Bethlehem in Judäa.
Maria, die ein Kind erwartete,
begleitete ihn.

In Bethlehem
fanden sie keine Unterkunft mehr,
nur einen Stall,
der sie vor Nacht und Kälte schützte.
Maria spürte,
dass ihre Zeit gekommen war.

Sie gebar einen Sohn,
Jesus Christus.
Und weil sie nichts anderes hatte,
wickelte sie ihn in Windeln
und legte ihn in eine Futterkrippe.

Auf einem Feld in der Nähe
hielten sich Hirten auf.
Sie waren um ein Feuer versammelt
und bewachten ihre Herden.

Da trat plötzlich ein Engel zu ihnen.
Der Glanz Gottes
erhellte die Dunkelheit.

Die Hirten fürchteten sich.
Doch der Engel sprach:

»Fürchtet euch nicht.
Ich verkünde euch eine große Freude.
In Bethlehem ist heute der Heiland geboren.
Ihr werdet ein Kind finden,
in Windeln gewickelt
und in einer Futterkrippe liegen.
Es ist der versprochene Retter.«

Kaum hatte der Engel zu Ende gesprochen,
stand neben ihm eine große Schar anderer Engel,
und sie lobten Gott und sangen:

»Ehre sei Gott in der Höhe
und Frieden auf Erden!«

Als die Engel in den Himmel zurückgekehrt waren,
sagten die Hirten:
»Lasst uns nach Bethlehem gehen
und das Kind suchen.«

Sie brachen auf und fanden alles so,
wie der Engel es ihnen verkündet hatte:
Maria und Joseph
und das Kind in Windeln gewickelt
in einer Krippe liegen.

Sie erzählten,
was der Engel ihnen
über das Kind gesagt hatte.

Alle, die es hörten, staunten.
Maria aber bewegte die Worte
in ihrem Herzen.

Erfüllt von dem,
was sie in dieser Nacht erlebt hatten,
kehrten die Hirten wieder aufs Feld
zu ihrer Arbeit zurück.

I

CHRISTOPHORUS

Es war einmal ein Mann
namens Christophorus.
Er war groß und stark
und fürchtete sich
vor nichts und niemandem.
Christophorus hätte gerne gekämpft,
aber er fand keinen,
der den Mut hatte,
sich ihm zu stellen.
Eines Nachts aber träumte Christophorus
von einem Ungeheuer,
das die ganze Welt regierte.
Da machte sich Christophorus auf,
um es zu suchen
und zum Kampf aufzufordern.

Im ersten Jahr
kam er in ein Land
mit hohen Bergen.
Am Fuße eines Berges
begegnete er einem Jungen,
der Jon hieß.
Er saß vor einer Holzhütte und weinte.
»Warum weinst du?«,
fragte Christophorus.

»Ich habe Angst vor dem Schnee.
Hilf mir!«
»Ich habe keine Zeit,
ich bin auf der Suche nach einem Ungeheuer,
das die ganze Welt regiert«,
sagte Christophorus und wanderte weiter.
Aber als er sich noch einmal
nach Jon umdrehte,
löste sich eine Lawine
und riss Bäume
und auch die Holzhütte mit.

Im zweiten Jahr
kam er in ein Land
mit großen Flüssen.
Am Ufer eines Flusses
begegnete er einem Mädchen,
das Radha hieß.
Es saß vor einer Lehmhütte und weinte.
»Warum weinst du?«,
fragte Christophorus.
»Ich habe Angst vor dem Wasser.
Hilf mir!«
»Ich habe keine Zeit,
ich bin auf der Suche nach einem Ungeheuer,

das die ganze Welt regiert«,
sagte Christophorus und wanderte weiter.
Aber als er sich noch einmal
nach Radha umdrehte,
ließ der Monsun das Wasser steigen
und riss die Lehmhütte nieder
und überschwemmte das Land.

Im dritten Jahr
kam er in ein Land
mit riesigen Eisbergen.
Auf einer Insel
begegnete er einem Jungen,
der Nilas hieß.
Er saß vor einer Schneehütte und weinte.
»Warum weinst du?«,
fragte Christophorus.
»Ich habe Angst vor der Dunkelheit.
Hilf mir!«
»Ich habe keine Zeit,
ich bin auf der Suche nach einem Ungeheuer,
das die ganze Welt regiert«,
sagte Christophorus und wanderte weiter.
Aber als er sich noch einmal
nach Nilas umdrehte,

wurde es finstere Nacht,
und viele Wochen lang
ging die Sonne nicht mehr auf.

Im vierten Jahr
kam er in ein Land
mit braunen Hügeln.
Am Fuße eines Hügels
begegnete er einem Mädchen,
das Helena hieß.
Es saß vor einer Ziegelhütte und weinte.
»Warum weinst du?«,
fragte Christophorus.
»Ich habe Angst vor dem Erdbeben.
Hilf mir!«
»Ich habe keine Zeit,
ich bin auf der Suche nach einem Ungeheuer,
das die ganze Welt regiert«,
sagte Christophorus und wanderte weiter.
Aber als er sich noch einmal
nach Helena umdrehte,
bebte die Erde,
Bäume stürzten,
und die Ziegelhütte
brach zusammen.

Im fünften Jahr
kam er in ein Land
mit hohen Felsen und tiefen Schluchten.
Am Fuß eines Felsens
begegnete er einem Jungen,
der Mansur hieß.
Er saß vor einem Zelt und weinte.
»Warum weinst du?«,
fragte Christophorus.
»Ich habe Angst vor der Krankheit.
Hilf mir!«
»Ich habe keine Zeit,
ich bin auf der Suche nach einem Ungeheuer,
das die ganze Welt regiert«,
sagte Christophorus und wanderte weiter.
Aber als er sich noch einmal
nach Mansur umdrehte,
öffnete der Junge seinen Mantel
und betrachtete
seine von der Lepra verstümmelten Füße.

Im sechsten Jahr
kam er in ein Land
mit vielen Städten.
In einer Stadt

begegnete er einem Mädchen,
das Mahalia hieß.
Es saß vor einer Blechhütte und weinte.
»Warum weinst du?«,
fragte Christophorus.
»Ich habe Angst vor dem Streit.
Hilf mir!«
»Ich habe keine Zeit,
ich bin auf der Suche nach einem Ungeheuer,
das die ganze Welt regiert«,
sagte Christophorus und wanderte weiter.
Aber als er sich noch einmal
nach Mahalia umdrehte,
verfolgten zwei Kinder das schwarze Mädchen
und schlugen und verspotteten es.

Im siebten Jahr
kam er in ein Land,
von der Wüste umgeben.
Am Rande der Wüste
begegnete er einem Jungen,
der Bola hieß.
Er saß vor einer Strohhütte und weinte.
»Warum weinst du?«,
fragte Christophorus.

»Ich habe Angst vor dem Hunger.
Hilf mir!«
»Ich habe keine Zeit,
ich bin auf der Suche nach einem Ungeheuer,
das die ganze Welt regiert«,
sagte Christophorus und wanderte weiter.
Aber als er sich noch einmal
nach Bola umdrehte,
brannte die Sonne vom Himmel,
und die Erde vertrocknete,
und die Pflanzen verdorrten.

Im achten Jahr
kam er an einen Ort
namens Bethlehem.
In Bethlehem begegnete er
einem Mann und einer Frau,
die Unterkunft in einer Herberge suchten.
Aber wo sie auch anklopften,
wurden sie weggejagt.
Die Frau saß auf einem Esel und weinte.
»Warum weinst du?«,
fragte Christophorus.
»Ich werde ein Kind gebären«,
sagte die Frau,

»und weiß nicht,
wohin ich es betten soll.
Hilf mir!«
»Nein«, sagte Christophorus,
»ich bin müde.
Acht Jahre lang bin ich unterwegs
und habe immer noch nicht gefunden,
was ich suche.«
Draußen auf dem Felde
legte sich Christophorus nieder
und schlief ein.
Da träumte er von einem Kind,
das lag in einer Krippe,
nackt und bloß,
und rief seinen Namen:
»Christophorus!«
Da erwachte er
und entdeckte am Himmel,
über einem kleinen Stall,
einen leuchtenden Stern.
Christophorus erhob sich,
folgte dem Stern
und fand im Stall
den Mann und die Frau
aus Bethlehem wieder.

In einer Krippe aber lag das Kind,
das ihn gerufen hatte.
Es lächelte Christophorus zu.
Und plötzlich,
wie er es daliegen sah,
hilflos,
des Schutzes bedürftig,
standen alle Kinder vor ihm,
denen er begegnet war,
Jon,
Radha,
Nilas,
Helena,
Mansur,
Mahalia
und Bola.
Und er erinnerte sich an ihre Angst
vor dem Schnee,
dem Wasser,
der Dunkelheit,
dem Erdbeben,
der Krankheit,
dem Streit,
dem Hunger.
Christophorus erschrak.

Sieben Mal
war er dem Ungeheuer begegnet
und hatte es nicht erkannt.
Da brach Christophorus
zum zweiten Mal auf,
bereit,
das Ungeheuer zu bekämpfen.
Willst du mit ihm gehen?

DER
WEIHNACHTSNARR

Im Morgenland
lebte vor zweitausend Jahren
ein junger Narr.
Und wie jeder Narr
sehnte er sich danach,
weise zu werden.
Er liebte die Sonne
und wurde nicht müde,
sie zu betrachten
und über die Unendlichkeit des Himmels
zu staunen.
Und so geschah es,
dass in der gleichen Nacht
nicht nur die Könige
Kaspar, Melchior und Balthasar
den neuen Stern entdeckten,
sondern auch der Narr.

Der Stern ist heller als alle anderen,
dachte er,
es ist ein Königsstern.
Ein neuer Herrscher ist geboren.
Ich will ihm meine Dienste anbieten,
denn jeder König braucht auch einen Narren.
Ich will mich aufmachen und ihn suchen.

Der Stern wird mich führen.
Lange dachte er nach,
was er dem König mitbringen könne.
Aber außer
der Narrenkappe,
seinem Glockenspiel
und seiner Blume
besaß er nichts,
was ihm lieb war.
So wanderte er davon,
die Narrenkappe auf dem Kopf,
das Glockenspiel in der einen
und die Blume in der anderen Hand.

In der ersten Nacht
führte ihn der Stern
zu einer Hütte.
Dort begegnete er einem Kind,
das gelähmt war.
Es weinte,
weil es nicht mit den anderen Kindern
spielen konnte.
Ach, dachte der Narr,
ich will dem Kind
meine Narrenkappe schenken.

Es braucht die Narrenkappe mehr
als ein König.
Das Kind setzte sich die Narrenkappe
auf den Kopf
und lachte vor Freude.
Das war dem Narr Dank genug.

In der zweiten Nacht
führte ihn der Stern
zu einem Palast.
Dort begegnete er einem Kind,
das blind war.
Es weinte,
weil es die anderen Kinder
nicht sehen konnte.

Ach, dachte der Narr,
ich will dem Kind
mein Glockenspiel schenken.
Es braucht das Glockenspiel mehr
als ein König.
Das Kind ließ das Glockenspiel
ertönen
und lachte vor Freude.
Das war dem Narr Dank genug.

In der dritten Nacht
führte ihn der Stern
zu einem Schloss.
Dort begegnete er einem Kind,
das taub war.
Es weinte,
weil es die anderen Kinder
nicht hören konnte.

Ach, dachte der Narr,
ich will dem Kind
meine Blume schenken.
Es braucht die Blume mehr
als ein König.
Das Kind betrachtete
die Blume
und lachte vor Freude.
Das war dem Narr Dank genug.

Nun bleibt mir
nichts mehr,
was ich dem neuen König
mitbringen könnte.
Es ist wohl besser,
wenn ich umkehre.

Aber als der Narr
zum Himmel emporschaute,
stand der Stern still
und leuchtete heller als sonst.
Da fand er den Weg zu einem Stall
mitten auf dem Feld.
Vor dem Stall begegnete er
drei Königen
und einer Schar Hirten.
Auch sie suchten den neuen König.

Er lag in einer Krippe,
war ein Kind, arm und bloß.
Maria, die eine frische Windel
übers Stroh breiten wollte,
schaute hilfesuchend um sich.
Sie wusste nicht,
wo sie das Kind hinlegen sollte.
Joseph fütterte den Esel,
und alle anderen
waren mit Geschenken beladen.
Die drei Könige
mit Gold, Weihrauch und Myrrhe,
die Hirten
mit Wolle, mit Milch und Brot.

Nur der Narr stand da
mit leeren Händen.
Voll Vertrauen legte Maria
das Kind auf seine Arme.
Er hatte den König gefunden,
dem er in Zukunft dienen wollte.
Und er wusste auch,
dass er
seine Narrenkappe,
sein Glockenspiel
und seine Blume
für dieses Kind hingegeben hatte,
das ihm nun mit seinem Lächeln
die Weisheit schenkte,
nach der er sich sehnte.

DER TÖLPEL

Unter den Hirten
auf dem Feld in Bethlehem
war auch ein Einfältiger.
Er wurde von den anderen
nur Tölpel genannt.

Als eines Nachts
der Engel des Herrn erschien,
um ihnen die Geburt Christi anzukündigen,
begriff der Tölpel seine Worte nicht.
Aber überwältigt von dem Glanz,
der von dem Engel ausging,
fiel auch er,
im Innersten erschrocken,
auf die Knie.

Und als die anderen,
wie der Engel es ihnen gesagt hatte,
sich aufmachten,
das Kind zu finden,
wollte auch er mit ihnen gehen.
Aber die Hirten schämten sich seiner,
denn sein Gewand war zerrissen,
sein Bart war struppig
und der Ausdruck seines Gesichts blöd.

»Bleib du hier bei den Schafen und beim Feuer«,
sagten sie.
»Das Kind, das wir suchen,
ist kein gewöhnliches Kind,
sondern ein König.
Einen Tölpel,
wie du einer bist,
kann es nicht brauchen.«

Doch der Tölpel
ließ sich von ihren Worten
nicht einschüchtern.
Er lief ihnen nach,
auch wenn er Mühe hatte,
zu folgen.

»Was willst du ihm schenken?«,
spotteten sie.
Da sah der Tölpel erst,
dass sie alle beladen waren,
mit Milch und Honig,
mit Wolle von den Schafen,
mit Käse und Brot.
Daran hatte er nicht gedacht.
Er wurde sehr betrübt.

Aber auf einmal
heiterte sich sein Miene auf
und er rief voller Stolz:
»Ich könnte die Fliegen
von seinem Gesicht verscheuchen.«
»Was glaubst du eigentlich!«,
riefen die anderen zurück.
»Dazu sind die Engel da!«

Der Tölpel wurde sehr traurig.
Aber auf einmal
heiterte sich seine Miene
wieder auf,
und er rief voller Stolz:
»Ich könnte seine Füße reiben,
um es zu wärmen.«
»Was glaubst du eigentlich!«,
riefen die anderen zurück.
»Dazu sind die Engel da!«

Der Tölpel fing an zu weinen.
Aber auf einmal
heiterte sich seine Miene
zum dritten Mal auf,
und er rief voller Stolz:

»Ich könnte ihm ein Lied singen,
damit es Schlaf findet.«
»Was glaubst du eigentlich!«,
riefen die anderen zurück.
»Dazu sind die Engel da!«

Der Tölpel war nun sehr betrübt
und weinte vor Hilflosigkeit.
Aber er gab nicht auf.
Er wollte den König und die Engel,
die von seinem Gesicht
die Fliegen verscheuchten,
die seine Füße rieben
und ihm ein Lied sangen,
wenigstens von weitem sehen.

Endlich standen die Hirten vor dem Stall,
und sie fanden das Kind
in einer Krippe liegen,
arm und bloß.

Maria und Joseph
hatten mit den vielen Gästen
alle Hände voll zu tun,
denn nicht nur die Hirten,

sondern auch die drei Könige
hatten den Weg zur Krippe gefunden.
»Ach«, seufzte Maria,
»wenn ich nur jemanden hätte,
der dem Kind die Fliegen verscheucht,
der ihm die Füße reibt
und ihm ein Schlaflied singt!«

Da trat der Tölpel näher.
Und als er weit und breit
keine Engel sah,
da wischte er seine Tränen ab,
lachte vor Freude
und kniete vor der Krippe nieder.
Er verscheuchte die Fliegen.
Er rieb dem Kind die Füße,
um es zu wärmen,
und sang ihm ein Lied,
bis es einschlief.
Maria und Joseph
und die drei Könige staunten.
Die Hirten aber schämten sich
und nahmen ihn auf dem Heimweg
in ihre Mitte.

DAS KIND

»Wach auf!«
Der Mann dreht sich zur Seite.
Er will weiter schlafen.
»Wach auf, es brennt!«
Die Frau steht am offenen Fenster.
»Es muss der Stall hinter dem Hügel sein«,
sagt sie,
»unser alter Heuschober.«
»Lass ihn brennen!
Ein paar morsche Bretter,
eine Futterkrippe
und ein Dach aus Stroh, was soll's!«
Er zieht sich die Decke über den Kopf.
Er ist satt und zufrieden.
Und er ist müde.
Das Haus ist besetzt –
es gibt kein besseres in Bethlehem –
voll wohlhabender Gäste.
Den ganzen Tag hat er
vor ihnen gebuckelt,
Freundlichkeit gemimt,
Knechte und Mägde herumgejagt ...
Und den ganzen Tag
stand die Frau in der Küche,
hat gegart und gebraten und gebacken.

Es hat sich gelohnt.
Die Geldtruhe ist voll.
Redlich verdientes Geld.
Auch die Frau darf satt und zufrieden sein.

»Leg dich wieder hin«,
brummt der Mann.

Doch die Frau bleibt am Fenster stehen,
starrt in die Nacht hinaus,
sieht den von einem unsichtbaren Feuer
erleuchteten Himmel,
erinnert sich plötzlich an die Fremden,
vor allem an die hochschwangere Frau.
Der Wirt hat dem Paar für eine Nacht
den Stall vor der Stadt überlassen.
Aus Mitleid wohl,
sie war wütend geworden.
»Leute, mit denen man immer wieder Ärger hat,
Diebe sogar ...«
Er hat sie ausgelacht.
»Der alte Heuschober.
Da gibt es nichts zu stehlen,
es sei denn ein wenig Heu und Stroh.
Das mag ich ihrem Esel gönnen.«

An Feuer hat er nicht gedacht,
triumphiert die Frau.
Nein, an Feuer hat er nicht gedacht.
Leben sie noch?
Ist das Kind zur Welt gekommen?
Das vor allem!
Ist das Kind zur Welt gekommen?
Die Frau schlägt einen Mantel um die Schultern,
tappt an den Zimmern der schlafenden Gäste vorbei,
hastet durch die Gassen der Stadt,
über einen Acker,
den Hügel hinan.

Der Mann greift mit der Hand ins Leere.
Dann steht er auf,
steht wie die Frau allein am offenen Fenster,
sieht diesen Himmel über dem Hügel.
Auch er schlägt sich einen Mantel über die Schultern,
tappt an den Zimmern der schlafenden Gäste vorbei,
hastet durch die Gassen der Stadt,
über einen Acker
und den Hügel hinan ...

Doch es ist nicht der Stall, der brennt.
»Es ist der Himmel!«, schreit er.

Er rennt den Hügel hinunter,
drängt sich zwischen einer Schar Hirten hindurch,
sieht seine Frau,
die vor einer Krippe kniet,
einem Kind über die Wange streichelt,
schwesterlich vereint mit der Frau,
die es geboren hat.
Seine Frau,
die Schwangere nie ausstehen konnte,
die auf dem Platz vor der Herberge
keine spielenden Kinder duldete.
Er wagt nicht sich zu rühren,
bis ein anderer Mann
ihm die Hand entgegenstreckt,
sich bedankt.
Wofür denn!
Im windigsten seiner Schober
hat er ihm und der Frau Herberge gewährt,
ein Dach nur ...

Und unter diesem Dach
kniet nun auch er
zwischen den armen Hirten
und seiner Frau
vor der Krippe nieder,

wird nicht müde,
sich an dem Kind satt zu sehen.

Als der Morgen dämmert
und der brennende Himmel erlöscht,
kehren der Mann und die Frau
nach Hause zurück,
um sich um die Gäste zu kümmern,
Pflichten zu erfüllen.

Sie brauchen Zeit,
um einander zu gestehen,
was sie bewegt.
Das fremde Kind
hat sich in ihr Innerstes eingenistet
bis in alle Ewigkeit.

DAS LICHT
DES KLEINEN HIRTEN

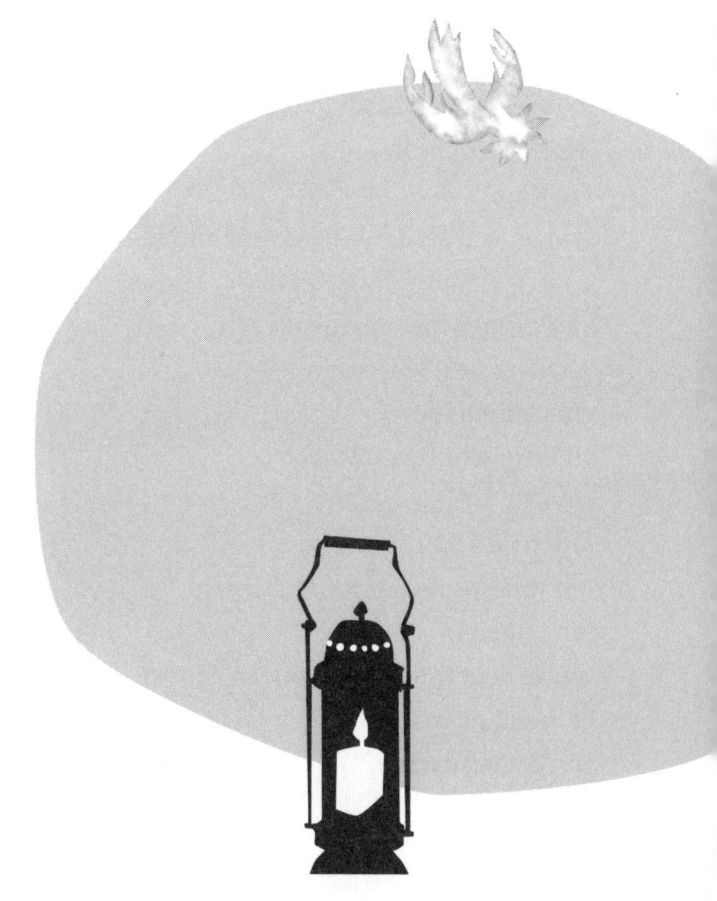

Nachdem die Engel
den Hirten auf dem Felde
die frohe Botschaft verkündet hatten,
machten sie sich auf nach Bethlehem.
Die Worte des Engels
gaben ihnen Flügel.
»Und das habt zum Zeichen«,
hatte der Engel gesagt,
»ihr werdet finden das Kind,
in Windeln gewickelt,
in einer Krippe liegen.«
Ein Kind,
ärmer noch als der Ärmste unter ihnen?

Sie nahmen also Geschenke mit,
von dem, was sie hatten:
ein Lämmlein,
einen geschnitzten Stab,
ein Fell,
Milch und Brot.
Der Jüngste aber unter den Hirten
fand nichts,
was er dem Kind hätte bringen können.
Er besaß nichts,
von dem er dachte,

es könnte dem Kind Freude bereiten.
Da kam ihm plötzlich
seine Lampe in den Sinn.
Wie sehr hatte er sich
eine Lampe gewünscht,
als er noch ein kleiner Junge war.
Sicher brauchte das Jesuskind
auch eine Lampe.
Es würde ihm schwer fallen,
sich davon zu trennen.
Wie würde er sich fortan wieder fürchten,
allein in der Nacht auf dem Feld,
allein und ohne Lampe.
Doch er musste dem Kind
seine Lampe bringen.
Entschlossen lief er den anderen Hirten nach.

Als sie zum Stall kamen,
fanden sie alles so,
wie der Engel es ihnen gesagt hatte:
ein Kind, arm und bloß.
Aber auch eine unerwartete Helle
blendete sie.
Erschrocken starrten sie
in die Lichtflut

und getrauten sich kaum
in die Nähe des göttlichen Kindes.
Der Glanz kam von den Engeln,
die über dem Stall schwebten und jubelten,
und er kam von der Freude,
die allem Volk widerfahren war.

Nur der junge Hirte war traurig
und schämte sich
mit seiner armseligen Lampe.
Er hielt sie fest in seiner Hand
und versteckte sie hinter dem Rücken.
Was hatte er sich bloß gedacht,
dem König aller Könige
eine Hirtenlampe
schenken zu wollen!
Die Enttäuschung
trieb ihm die Tränen in die Augen.

Maria und Joseph
begrüßten die Hirten
voller Dankbarkeit.
Einer nach dem anderen trat zur Krippe,
fiel ehrfürchtig auf die Knie
und brachte seine Geschenke dar.

Zuletzt kam auch die Reihe
an den Jüngsten.
Als er sich über das Kind beugte,
ergriff ihn ein großes Staunen.
Er stellte seine Lampe vor die Krippe
und breitete die leeren Arme aus.

Da lächelte das Kind zum ersten Mal
und wollte mit seinen winzigen Fingerchen
nach dem dünnen Licht des Hirten greifen.
Es verlangte so sehr danach,
dass Gott ein Wunder tat.
Er löschte den Glanz der Engel aus,
nur für einen Augenblick zwar,
aber er löschte ihn aus.

Da brannte nur noch
die kleine Lampe des Hirten
und flackerte im Wind,
der durch die Mauern blies.
Sie gab ein trauliches Licht.
Alle, die versammelt waren,
rückten näher zusammen.
Es wurde ihnen warm ums Herz,
und sie hielten sich bei den Händen.

Gerne wären alle lange
um das kleine Licht gekniet,
aber Gott musste die Engel
wieder leuchten lassen,
damit auch die drei Könige,
die schon ganz nahe waren,
den Weg zur Krippe fanden.

EIN DUFT
VON WEIHRAUCH
UND MYRRHE

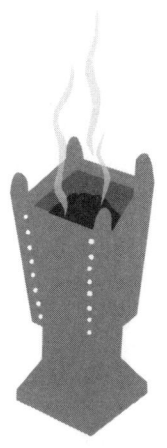

Erfüllt von dem,
was sie im Stall
gehört und gesehen hatten,
kehrten die Hirten
am frühen Morgen
nach Bethlehem zurück.
Aber es gelang ihnen nicht,
die Menschen auf dem Markt
von dem Wunder,
das ihnen widerfahren war,
zu überzeugen.

Die Frau eines Zimmermanns,
die in einem Stall ihr Kind zur Welt bringt!
Was soll daran besonderes sein!
»Ich habe den Himmel
offen gesehen«,
beteuerte einer der Hirten.
»Und ich habe die Engel
singen hören«,
sagte ein zweiter.
»Gelobt sei Gott,
der Retter ist da!«
rief ein dritter.
»Ihr wollt uns zum Narren halten«,

schrieen die Leute.
»Wo sind die Beweise?
Macht, dass ihr fortkommt,
aufs Feld zu den Schafen,
wo ihr hingehört!«

Nur zwei Bettler,
ein blinder und ein tauber,
machten sich auf zu dem Stall,
in dem Christus geboren war,
über dem der Himmel
offen gestanden
und die Engel
gesungen hatten.
Aber als sie zu dem Ort kamen,
waren Maria und Joseph
mit dem Kind
schon längst auf der Flucht
vor den Häschern des Herodes,
und von dem großen Glanz
war auch nicht ein Schimmer
übrig geblieben.

»Was siehst du?«,
fragte der Blinde den Tauben.

»Ach«, sagte der Taube,
»ich sehe nur die Sonne
zwischen den Wolken.«
»Oh, das ist mir genug«,
sagte der Blinde.

»Und was hörst du?«,
fragte der Taube den Blinden.
»Ach«, sagte der Blinde,
»ich höre nur den Wind
in den Bäumen.«
»Oh, das ist mir genug«,
sagte der Taube.

Auch im Stall fanden sie nichts
als eine leere Krippe.
Über der Krippe aber hing noch immer
ein Duft von Weihrauch und Myrrhe.
Sie atmeten ein
und verharrten in der Stille,
bis auch der letzte Rest
verschwunden war.
Sie glaubten,
der eine,
was er nicht hören,

und der andere,
was er nicht sehen konnte.

Und als die beiden Bettler
wieder vor den Stall traten,
sah der Blinde
den Himmel offen,
und der Taube
hörte die Engel singen,
denn sie waren die ersten,
denen ihr Glaube geholfen hatte.

Darum gingen auch sie hinaus
und verkündigten:
»Gelobt sei Gott,
der Retter ist da!«

DER WEG
ZUR KRIPPE

Es war einmal ein Hirte,
der lebte auf dem Felde
in der Nähe Bethlehems.
Er war groß und stark,
aber er hinkte
und konnte nur
an Krücken gehen.
Darum saß er meistens
mürrisch am Feuer
und sah zu,
dass es nicht ausging.
Die anderen Hirten
fürchteten ihn.

Als den Hirten in der heiligen Nacht
ein Engel erschien
und die Frohe Botschaft verkündete,
wandte er sich ab.
Und als sie sich aufmachten,
um das Kind zu finden,
so wie es ihnen der Engel gesagt hatte,
blieb er allein am Feuer zurück.
Er schaute ihnen nach,
sah, wie das Licht ihrer Lampen
kleiner und kleiner wurde

und sich in der Dunkelheit verlor.
»Lauft! Lauft!«
Was wird es schon sein?
Ein Spuk, ein Traum.
Die Schafe rührten sich nicht.
Die Hunde rührten sich nicht.
Er hörte nur die Stille.
Er stocherte mit der Krücke in der Glut.
Er vergaß, frisches Holz aufzulegen.
Und wenn es kein Spuk, kein Traum wäre?
Wenn es den Engel gab?

Er raffte sich auf,
nahm die Krücken unter die Arme
und humpelte davon,
den Spuren der anderen nach.

Als er endlich zu dem Stall kam,
dämmerte bereits der Morgen.
Der Wind schlug die Türen auf und zu.
Ein Duft von Gewürzen hing in der Luft.
Der Lehmboden war von vielen Füßen zertreten.
Er hatte den Ort gefunden.
Doch wo war nun das Kind,
der Heiland der Welt?

Er lachte.
Es gab keine Engel.
Schadenfroh wollte er umkehren.

Da entdeckte er die kleine Kuhle,
wo das Kind gelegen hatte,
sah das Nestchen im Stroh.
Da wusste er nicht,
wie ihm geschah.
Er kauerte vor der leeren Krippe nieder.

Was machte es aus,
dass das Kind ihm nicht zulächelte,
dass er den Gesang der Engel nicht hörte
und Maria nicht bewunderte.
Was machte es aus,
dass er nun nicht mit den anderen
in Bethlehem durch die Gassen zog
und von dem Wunder erzählte.
Was ihm widerfahren war,
konnte er nicht mit Worten beschreiben.

Staunend ging er davon.
Er wollte das Feuer wieder anfachen,
bevor die anderen Hirten zurückkamen.

Doch als er eine Weile gegangen war,
merkte er,
dass er seine Krücken
bei der Krippe vergessen hatte.
Er wollte umkehren.
Warum denn?
Zögernd ging er weiter,
dann mit immer festeren Schritten.

II

DER WEIHNACHTSENGEL AUF DEM SEIL

Es waren aber auch Gaukler
nach Bethlehem gekommen.
Sie liefen durch die Straßen
und zeigten auf den Plätzen
und vor den Herbergen
ihre Kunststücke.

Einer von ihnen
– ein Junge –
tanzte auf dem Seil,
das sein Vater
von einem Hausdach
zum andern spannte.
In der Mitte
drehte er sich um sich selbst,
sprang in die Luft
und winkte den Kindern zu,
die staunend
jeden seiner Schritte verfolgten.
Als Clown verkleidet,
spielte die Mutter des Jungen
auf einer Trompete,
während der Vater
die Münzen einsammelte,
die man ihm zuwarf.

Dann kam die Nacht,
plötzlich und kalt.
Die Sonne war untergegangen.
Niemand wollte länger auf der Straße
und an den offenen Fenstern bleiben.
Die Gaukler liefen zu ihrem Pferd zurück,
das vor dem Stadttor auf sie wartete.

»Hier könnt ihr nicht stehen bleiben«,
fuhr sie ein Wächter an.
»Macht euch davon,
und seht zu, wo ihr bleibt.«

Das armselige Gefährt
rollte in die Nacht hinaus.
In der Nähe einer Weide
würden sie vielleicht
eine verlassene Scheune finden,
Schutz vor Kälte
und wilden Tieren.
Schweigsam liefen Vater und Mutter
neben dem Wagen her.
Der Junge saß auf dem Bock,
eine Taube mit verletzten Flügeln
im Arm.

Sie war ihm zugeflogen.
Er pflegte sie,
gab ihr zu essen
und zu trinken.
Niemand begegnete ihrem Gefährt,
außer einem Mann und einer Frau,
die auf einem Esel ritt
und hochschwanger war.
»Ist es noch weit nach Bethlehem?«,
fragte der Mann.
»Nein, aber wie wir werdet ihr Mühe haben,
eine Unterkunft zu finden.«
Am Ende führte der Vater Pferd und Wagen
unter einen Baum,
da weit und breit weder ein leerer Stall
noch sonst ein Dach zu entdecken war.

Nach einem kargen Mahl
legten sie sich unter eine Decke
zum Schlafen nieder.
Doch der Junge fand keine Ruhe.
Ohne Vater und Mutter zu wecken,
erhob er sich und lief in die Nacht hinaus.
Es war eine seltsame Nacht.
Noch nie hatte er die Sterne

so klar und wunderbar gesehen.

Nichts rührte sich.

Die Sträucher und Bäume standen da,
starr vor Kälte und voller Erwartung.

Als er die Hirten und Schafe entdeckte,
hoffte er,
die Männer würden ihn und seinen Vogel
eine Weile am Feuer dulden.

Die Hirten schliefen,
von merkwürdigen Träumen geplagt.

Der Hund, der die Herde bewachte,
begann bei seinem Anblick laut zu bellen.

Plötzlich aber legte er sich,
wie verzaubert,
vor seine Füße.

Nur einer der Männer stocherte mit seinem Stab
im Feuer herum.

Er musterte den fremden Jungen
und höhnte:

»An unserem Feuer
gibt es keinen Platz für fahrendes Volk.

Tut eine rechte Arbeit,
dann könnt ihr euch
am eigenen Feuer wärmen.«

Da machte sich der Junge wieder davon,
in die Dunkelheit hinaus.
Er versuchte die Sterne am Himmel zu zählen.
Da umhüllte ihn auf einmal
ein Mantel aus Licht und Wärme.
Jemand fasste seine Hand,
und zwei Flügel gingen über ihm auf.
Er glaubte zu träumen,
denn er konnte keine andere Hand sehen,
die seine kleine Hand so fest hielt und führte.
Aber sein Herz erkannte den Engel.

Und der Engel führte ihn
zurück zu den Hirten,
die sich,
aufgescheucht aus dem Schlaf,
die Augen rieben
und sich fürchteten.
Der Mann,
der ihn vom Feuer gewiesen hatte,
fiel vor ihm auf die Knie
und bedeckte sein Gesicht
mit beiden Händen.
Der Junge wusste nicht mehr,
wie ihm geschah.

Demütig sprach er die Worte,
die der Engel ihm eingab:
»Fürchtet euch nicht,
siehe,
ich verkündige euch große Freude,
die allem Volk widerfahren wird.
Denn euch ist heute
der Heiland geboren,
welcher ist Christus,
der Herr,
in der Stadt Davids.«

Und alsbald fielen tausend Stimmen ein,
die lobten Gott und sangen:
»Ehre sei Gott in der Höhe,
und Friede auf Erden
und den Menschen ein Wohlgefallen.«

Die Hirten,
ergriffen und erschrocken,
machten sich auf gegen Bethlehem,
um das Kind in der Krippe zu finden.
Mit einem Schrei aber erhob sich
aus den Armen des Gauklers die Taube,
um ihnen zuvorzukommen.

Als der hartherzige Hirte
am frühen Morgen
auf das Feld zurückkehrte,
begann er sogleich
nach dem Jungen zu suchen,
um ihn um Verzeihung zu bitten.
Doch die Gaukler waren weiter gezogen.
Der Junge saß auf dem schwankenden Karren,
still und noch immer verwundert.
Was war ihm nur geschehen? –

Da setzte sich,
wie eine Antwort auf seine Frage,
die Taube
mit heilen Flügeln
auf seine Schulter,
um für immer bei ihm zu bleiben.
Erst als er im Licht der aufgehenden Sonne
eine kleine Stadt erblickte,
erwachte er aus seiner Versunkenheit
und freute sich darauf,
staunenden Kindern auf dem Seil
seine Kunststücke zu zeigen.

DAS HIRTENLIED

Es war einmal ein alter Hirte,
der die Nacht liebte
und um den Lauf der Gestirne wusste.
Auf seinen Stock gestützt,
den Blick zu den Sternen erhoben,
stand der Hirte auf dem Felde.

»Er wird kommen!«, sagte er.
»Wann wird Er kommen?«,
fragte der Enkel.
»Bald!«

Die anderen Hirten lachten.
»Bald!«, höhnten sie.
»Das sagst du nun seit Jahren!«

Der Alte kümmerte sich nicht
um ihren Spott.
Nur der Zweifel,
der in den Augen seines Enkels aufflackerte,
betrübte ihn.
Wer sollte,
wenn er starb,
die Weissagungen der Propheten weiter tragen?
Wenn Er doch bald käme!

Sein Herz war voller Erwartung.
»Wird Er eine goldene Krone tragen?«,
unterbrach der Enkel seine Gedanken.
»Ja!«
»Und ein silbernes Schwert?«
»Ja!«
»Und einen purpurnen Mantel?«
»Ja! Ja!«

Der Enkel war zufrieden.
Der Junge saß auf einem Stein
und spielte auf seiner Flöte.
Der Alte lauschte.
Der Junge spielte von Mal zu Mal
schöner, reiner.
Er übte am Morgen und am Abend,
Tag für Tag.
Er wollte bereit sein,
wenn der König kam.
Keiner spielte so wie er.

»Würdest du auch für einen König
ohne Krone,
ohne Schwert,
ohne Purpurmantel spielen?«,

fragte der Alte.

»Nein!«,

sagte der Enkel.

Wie sollte ein König

ohne Krone,

ohne Schwert,

ohne Purpurmantel

ihn für sein Lied beschenken?

Mit Gold und mit Silber!

Er würde ihn reich machen,

und die anderen würden staunen,

ihn beneiden.

Der alte Hirte war traurig.

Ach, warum versprach er dem Enkel,

was er selbst nicht glaubte?

Wie würde ER denn kommen?

Auf Wolken aus dem Himmel?

Aus der Ewigkeit?

Als Kind arm oder reich?

Bestimmt ohne Krone,

ohne Schwert,

ohne Purpurmantel –

und doch mächtiger

als alle anderen Könige.

Wie sollte er das
dem Enkel begreiflich machen.

Eines Nachts
standen die Zeichen am Himmel,
nach denen der Großvater
Ausschau gehalten hatte.
Die Sterne leuchteten heller als sonst.
Über der Stadt Bethlehem
stand ein großer Stern.
Und dann erschienen die Engel
und sagten:

»Fürchtet euch nicht!
Euch ist heute der Heiland geboren!«

Der Junge lief voraus,
dem Licht entgegen.
Unter dem Fell auf seiner Brust
spürte er die Flöte.
Er lief so schnell er konnte.
Da stand er als erster
und starrte auf das Kind.
Es lag in Windeln gewickelt
in einer Krippe.

Ein Mann und eine Frau
betrachteten es froh.
Die anderen Hirten,
die ihn eingeholt hatten,
fielen vor dem Kind auf die Knie.
Der Großvater betete es an.

War das nun der König,
den er ihm versprochen hatte?
Nein, das musste ein Irrtum sein.
Nie würde er hier sein Lied spielen.

Er drehte sich um,
enttäuscht,
von Trotz erfüllt.

Aber dann hörte er das Kind weinen.
Er wollte es nicht hören.
Er hielt sich die Ohren zu,
lief weiter.

Doch das Weinen verfolgte ihn,
ging ihm zu Herzen,
zog ihn zurück zur Krippe.

Da stand er zum zweiten Mal.
Er sah,
wie Maria und Joseph
und auch die Hirten
erschrocken
das weinende Kind zu trösten versuchten.
Vergeblich!
Was fehlte ihm nur?

Da konnte er nicht anders.
Er zog die Flöte aus dem Fell
und spielte sein Lied.
Das Kind wurde still.
Der letzte Schluchzer in seiner Kehle
verstummte.
Es schaute den Jungen an
und lächelte.
Da wurde er froh und spürte,
wie das Lächeln ihn reicher machte
als Gold und Silber.

KÖNIG, BAUER UND KNECHT

In der Nähe Bethlehems
lebten vor zweitausend Jahren
ein König,
ein Bauer
und ein Knecht.

Wenn der König
auf seinem Pferd
durch die Straßen ritt,
fiel der Bauer vor ihm auf die Knie
und küsste den Saum seines Gewandes.

Wenn der Bauer
auf seinem Esel
über die Felder ritt,
verneigte sich der Knecht
und nahm seinen Hut vom Kopf.

Wenn aber der Knecht
jemandem begegnete,
wurde er nie gegrüßt.
Nur ein kleiner herrenloser Hund
hängte sich eines Tages an ihn
und wollte nicht mehr
von ihm weichen.

Wenn der König
schlechter Laune war,
ließ er den Bauern
für einen Tag ins Gefängnis werfen.

Wenn der Bauer
zuviel getrunken hatte,
rief er den Knecht
und ließ ihn am Feiertag Holz hacken.

Wenn der Knecht
unglücklich war,
pfiff er dem kleinen herrenlosen Hund
und schlug ihn mit dem Stock.

So fürchtete sich
der Bauer vor dem König,
der Knecht vor dem Bauern
und der Hund vor dem Knecht.

Aber auch der König fürchtete sich.
Er fürchtete sich vor dem Tod.

Der König
verbot seinen Kindern,

mit den Kindern des Bauern
zu spielen.

Der Bauer
verbot seinen Kindern,
mit den Kindern des Knechtes
zu spielen.

Der Knecht
verbot seinen Kindern,
mit dem kleinen herrenlosen Hund
zu spielen.

Sie fürchteten sich,
die Kinder des Königs,
die Kinder des Bauern und
die Kinder des Knechtes,
nicht vor dem Tod,
nicht vor einem König,
nicht vor einem Bauern
und nicht vor einem Knecht.
Sie fürchteten sich vor der Strafe.

Die Kinder waren traurig,
denn sie vermochten zwischen

dem Kind eines Königs,
dem Kind eines Bauern
und dem Kind eines Knechtes
keinen Unterschied zu erkennen.

Eines Tages aber stand über Bethlehem
ein leuchtender Stern.
In einem Stall mitten auf dem Feld
war Christus geboren.

Der König erfuhr es von den Weisen,
der Bauer von den Hirten
und der Knecht von einem Hütejungen.
Die drei Weisen,
die Hirten
und der Hütejunge
erzählten von der Begegnung mit dem Kind,
als ob sie ein großes Geschenk
von ihm empfangen hätten.

Ohne dass einer vom anderen wusste,
machten sich der König,
der Bauer
und der Knecht auf,
das Kind zu suchen.

Als sie einander vor dem Stall
mitten auf dem Feld trafen,
waren sie verlegen.
Aber Maria,
die das Kind geboren hatte,
lächelte ihnen zu und bat sie,
näher zu treten.

Und als sie das Kind
in der Krippe erblickten,
erfüllte sie plötzlich
eine große Freude.
Und sie taten,
was auch die drei Weisen,
die Hirten
und der Hütejunge getan hatten.
Sie knieten nieder und beteten es an.

»Nimm mir die Angst
vor dem Tod«,
bat der König.

»Nimm mir die Angst
vor dem König«,
bat der Bauer.

»Nimm mir die Angst
vor dem Bauern«,
bat der Knecht.

Da fing das Kind an zu weinen,
weil es ahnte,
dass es für den König,
den Bauern
und den Knecht
einst am Kreuz sterben würde.

Am frühen Morgen
kehrten die drei Männer
gemeinsam nach Hause zurück,
der König
in sein Schloss,
der Bauer
auf seinen Hof
und der Knecht
in seine Hütte.
Nun wusste einer
um des anderen Angst,
doch der Glaube an das Kind
schenkte ihnen die Kraft,
sie zu überwinden.

Am folgenden Tag aber
spielten
die Kinder des Königs,
die Kinder des Bauern
und die Kinder des Knechtes
zusammen mit dem kleinen Hund.
Auch er brauchte sich
nicht mehr zu fürchten.

EIN RISS
IN DER MAUER

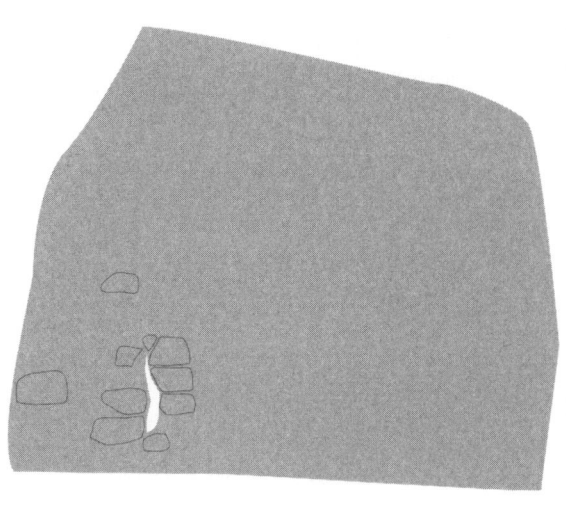

Er war den Hirten,
die in der Nähe Bethlehems
ihre Schafe hüteten,
eines Tages zugelaufen,
ein struppiger Hund,
ein Köter nur.

Weil dieser Hund
als Wächter für die Herde
nichts zu taugen schien,
jagten sie ihn davon,
warfen Steine nach ihm.
Doch er kam immer wieder.
Die Männer wussten nicht,
dass einer von ihnen,
ein Trinker und Possenreißer,
dem Hund hin und wieder
einen Bissen Brot
oder ein Stück Käse zuschob,
sich nicht davor scheute,
ihn auch zu streicheln.

So kam es,
dass in jener Nacht
der Engel des Herrn